Kim Sun-Young

시인 김선영

달을 배웅하며

김선영 시집

달을 배웅하며

Poetics 시학

■ 시인의 말

나는 이 시집에서, 알 수 없는 '영원' 의 주소를 찾아 기웃거리며 서성였습니다. 그 여로에서 지금 '달' 을 지나가고 있습니다. 달에 대하여 백번이라도 달리해 써 보고 싶습니다. '달' 은 내 그리움의 대상인 동시에 '나' 자신이기도 했으며 나의 이상이 터를 잡는 곳이기도 했습니다. 슬플 때나 기쁠 때나 유년 시절 파란 발레 의상을 입고 추던 '레하르' 의 왈츠를 달 안에서 추어보기도 했습니다. 그리운 사람을 떠나보내는 장소로서도 아름다운 달의 영토를 빌렸습니다. 달은 나와 함께 자라고 숨 쉬고 먼 여행을 합니다. 이 여로에서 나의 시적 DNA를, 계속 사랑하는 자연, 혹은 우주 만물에서 찾을 것입니다. 자아의 완성을 위하여, 시혼의 완성을 위하여.

시의 붓을 잡도록 따스한 마음을 전해 주신 고마우신 분들과 이 몇 년 가족을 잃고 고통을 함께한 나의 딸에게 이 시집을 바칩니다.

2012년 가을
김선영

차 례

■ 시인의 말
■ 작품 해설 | 이승하

제1부

달을 배웅하며 15
꽃을 벗는다 16
귀소 17
편견 18
아, 오늘밤 달 찼군요 19
달빛 20
달빛 속 빙어 한 마리 21
달빛 해일 22
달로 유배 간 나는 24
매일 보아도 그리운 달아 26
달의 푸른 눈물 28
달을 그렇게 부르지 않으리 29
달 안에서 춤을 춘다 30
산 하나 집에 와 있다 32
달에 산자두꽃빛 펴서 34
달을 벗는 남자 36
달이 좋아 시를 쓴다 38

제2부

그림 속 들판에 집 한 채 41
마음의 터널 42
눈 44
진주 46
마음속 깊은 골짜기 48
참매미 소리 줄 타고 50
물 중의 어느 물은 52
하늘을 파며 지나간다 54
어린 태양을 등에 업고 55
토기 깨어지다 56
신라토기 58
질긴 물의 뿌리들 59
장강에 장검 하나 60
가족 · I — 부부 62
가족 · II — 아이들 63
분칠한 언어 지우고 64
어머니가 달을 이고 66
아득한 분홍 노을 밭 67

제3부

라일락 향기, 나누고 싶구나 71
아직은 꽃아, 지지 말아라 72
꽃의 한숨 74
꽃이 길 얻다 76
보내지 못한 시간들이 77
독한 봄 — 아이를 보내고 78
가는 봄, 오는 봄 79
너는 돌아올 것이다 80
첫 꽃으로 입술 댄 81
아카시아 꽃향기 82
봄 84
어린 연두의 웃음 87
남의 고향 마당에 살구나무 심는 뜻은 88
고향은 봄과 같아서 89
스스로 고향이 되어 90
그분 얼굴 92
고향 산 같아서 94

제4부

섬진강 재첩국 97
무지개 98
음악에 기대어 100
음악의 오아시스 102
대화 104
구름아, 바람아 106
그 돌 108
태양이 젖을 줄 것이다 110
산, 이슥고 물 112
산 114
적막의 울음 116
무無와의 춤 · I — 돌격 행보의 시간에 업혀 118
무無와의 춤 · II — 달은 따스한 허파를 놓아 두고 119
무無와의 춤 · III — 지는 꽃 안고 춤춘다 120
길 — 시를 위하여 122
그림 속 장미 124
잔치 125

제1부

달을 배웅하며

우리 집 왔다가
돌아가는 달
섭섭해 배웅하며
대문 밖에 서네
언덕에 서네

저어리 가는 달에
크게 말했네
서녘에서 올 때도
기다린다고

달이 제 마음을
달빛만큼 펴 주고 갔네.

꽃을 벗는다

꽃들은 질 때가 되면 미련 없이 떨어진다
신에게 연장의 시간을 구걸하지 않는다
꽃같이 깨끗이, 미지의 시간을 단념할 수 있을까

연륜은 정직하고 순수하다
쓸쓸한 숲의 나무들은 한 켜씩 한 켜씩 연륜을 불빛
처럼 켜 가고
사람들은 밤이나 낮이나
언제까지 일지도 모르게 그어지는
하루살이 꿈을 한 켜씩 켜고 있다

하루, 얼마나 거대한 미래인가
하루, 얼마나 꿈꾸는 소멸인가
시간은 원광처럼 그대의 등 뒤에서 빛을 발하고
나는 그곳을 지나 다른 원광의 터널을 지나
이윽고 무거운 꽃을 벗는다.

귀소

져 내리는 꽃들이 황급히 하늘 우러러
큰절 올립니다
바람 달 구름에게 큰절 올립니다
나무에게 우러러 큰절 올립니다

한 생의 절정을
하늘 귀퉁이에 맡겼다가
무사히 거둬 가는 일
엎으러져 감사의 큰절 올립니다

색色 공空 잘 누리고
이제야 고향 땅에 도착했다고
귀소했다고
염려 놓으시라고.

편견

해, 달에겐 순결한 편견이 있습니다
동쪽에서 서쪽으로
다시 동쪽에서 서쪽으로
억만년 단순히 실행한 편협한 고집 말입니다

대쪽 같은 정신은 편견을 가졌습니다
대쪽 같은 편견을 바위 같은 무게로
등짐 지고 일생을 길에서 떠돈 사람도 있습니다
해와 산책하고 달과 동행하면서 말이지요
아름다운 외길을 본격적으로
돌입해 정복해 간 사람

그런 사람을 만나려면 반드시
그 사람이 첫 번째 출발한 그 자리로 와서 기다려야 합니다
돌아와 다시 거기서 시작할 것이 분명하므로.

아, 오늘밤 달 찼군요

아, 오늘밤
달 찼군요

달에서
돌들을
다아 끌어 내립시다

달에서
무게를 뺍니다

무無의 본적
거기
당신만 남았군요

그대.

달빛

한없이 랩을 풀어 내리는 달
랩에 싼 새 한 마리
랩을 찢지 못한 채 날아간다

환히 비치는 작은 심장
팔딱거리는 소리

나도 랩에 둘둘 말린 채
랩을 덮고
빤히 내다보면서도

찢고 나갈 수 없는
투명한 굴레.

달빛 속 빙어 한 마리

창을 여니 달빛 이랑이다
차차 집채만한 달빛 해일 몰려온다
산더미 파도 더미
달빛이 쿵쿵
우리 집 흔들린다

내 마음속
작은 빙어 한 마리
난처하게 뛴다
파도 안으로
뛰어든다

백지에 놓아준다
백지 바다에 달빛 파도
작은 빙어 한 마리
숨차게 파닥인다

문득 어디로 흘렀는지
지금 사방이 고요하다.

달빛 해일

달빛이 너무 쾅쾅하여
집 무너질까 염려되네
순은의 달빛을
튼실한 세상의 어깨로 메고 가
근심 가진 사람들께 나누어 부어 주네
달빛은 순은 백 냥, 순은 천 냥이요
쾅쾅하니
집집마다 넉넉하리 그득하리

달빛 파도에 둥둥 떠서
출렁이는 집들 사이로 걸어
겨우 몸을 가누고 헤엄쳐 왔네
나의 집도 반쯤 달물에 잠겨 있었네

나는 달에 젖은 머리
물방울 털고 말리네
달의 엷은 비린내
허공에 붊비네

삶에서 떨어져 나간
무수한 슬픔과 기쁨들의
상한 비늘, 달빛이 닦고 있네

오늘밤 저 달에 오르리
저 달을 데려다가
마을 지붕 위
커다랗게 웃던
그 자리
찾아주리.

달로 유배 간 나는

달로 유배 간 나는
지상의 내가 그리워
달 안에서 지상의 나를 내려다보네

달 안의 나는
달 아래 나에게
빈 가슴 열어
달빛 채워 주네

훌훌 달에서 내려가
반달 숨긴 바로 옆에 누워
나머지 반쪽 채워 주네

달 안의 나와
달 밖의 내가
얼싸안고 하나 될 때
만월이 되네

만월로 와서
나는 나에게로
완벽하게 귀의하네.

매일 보아도 그리운 달아

깊은 산골 산새의 집만큼한 작은 집에
달이 닿았다
달아, 달아, 보이지 않는 사다리 타고
나비같이 내려온 달아

앞뜰 배나무 가지에 집을 짓고
배꽃 향기 품고 내다보는 달아
배꽃이 좋아
하얀 배꽃이 좋아
하얀 배꽃, 머리에 꽂은 달아

바람이 불어서 바람의 이상한
소리에 귀 기울이는 달
산새가 울면 산새들 고운 방언의
비밀을 넌지시 엿듣는 달

나는 먹을 갈듯
말을 갈고 있다

달이 사는 배나무 한 그루 뿌리째 캐어
내 백지에 옮겨 심는다
달이 내 백지에 산다

달아
고개 갸웃 나를 내다보는 달아
불러도 불러도 지치지 않아
매일 보아도 그리운 달아.

달의 푸른 눈물

흘러내리는 달 즙을
동이로 퍼서 담고
푸고 또 퍼내도
달물 달샘이
땅속에서 솟아오릅니다

삽으로 퍼낸 구덩이마다
달의 푸른 눈물 그렁그렁 고입니다
달 아래 꽃을 뉘었습니다
눈감은 꽃을 뉘었습니다
실눈 뜬 어둠을 뉘었습니다

달이 내려와
꽃과 함께 나란히 누웠습니다
꽃잎의 잠을 따라 달이 갔습니다
구름같이 바람같이 따라갔습니다

천상과 지상을 허전하니 비워 놓은 채.

달을 그렇게 부르지 않으리

질료적 물질적 호칭으로만 부르지 않으리
지상의 수많은 눈동자들이
수만 년 쳐다보며 닦은 달
그 눈빛들을 심은 달이다

사람들의 염원이 닿아
달은 고운 영혼과 허파를 가졌다

이루 잴 수 없는 허공의 치수를
마음껏 재며 왕래하는 달은
대하의 강물을 건너는 법을 안다

돌에서 태어난 달은
꽃 같은 얼굴로
하늘의 자궁에서
다시 태어나
만월의 그물로
세상을 건져 올리고 있다.

달 안에서 춤을 춘다

달은 마침내 얼굴을 벗는다
나는 백여덟 개의 마음 문을 열고 문밖으로 나왔다
허공에 팔을 벋쳐 마음의 끈을 던진다
달을 끌어온다
나는 다시 달의 백여덟 개의 마음 문을 열고 들어간다
얼굴 가렸던 무無의 둥근 문 안으로 들어간다

달은 얼굴을 벗고
무無의 길을 아득히 열어 주었다
영혼이 터트리는 웃음이
달의 몸에서 꽃을 뿌렸다

아득한 무의 순례에서 돌아와
백여덟 개 달의 문을 열고 들어간다
해탈의 춤을 추며 들어간다
달 안에서 달빛 향기를 입고 춤을 춘다
너울너울 팔을 펴고 춤을 춘다

발을 번쩍 들어 허공을 짚는다
우주가 움찔한다
새 몸을 내 몸에 꼭 맞게 다시 입는다
내 마음에 꼭 맞는 새 마음도 다시 입는다
아, 황홀한 달 안에서의 춤.

산 하나 집에 와 있다

네가 산에서
달빛 찍은 붓으로 편지 보내면
나는 그 달이 어느 산에 살고 있는지
알 수 있다

그 산에는
자작나무가 많아서
순백의 허리로
바람을 태우던
수피의 내음까지
편지지에 보내온다

너는 그 산을 매우 사랑하여
집에 올 시간을 자꾸 밀어 낸다
이미 산 전체를 집에 택배로 부쳤다
싱그러운 참나무 냄새, 솔 냄새 바람 냄새까지
함께 부쳤다

이미 산 하나 전부 집에 와 있다

이제 달 데리고
집으로 오너라.

달에 산자두꽃빛 퍼서

오늘은 웬일인가
산자두꽃 가지 위 누운 달
미이라같이 창백하다

마음 몰고 다니던 바람
잠잠해진다
산자두꽃 향기
세상을 한 바퀴
휘이 돌고 나면
세상이 평정되리

바람 한번 불자
산자두꽃 향기
달을 밀고 간다

누웠던 달
일어난다
살아난다

산자두꽃 하얀빛 떠서
그대 어깨에 붓는다
눈에, 가슴에 붓는다
일으켜 꽃빛으로
얼굴 씻는다

산자두꽃빛이
달에 부어져서
함께 은하수로
내려간다.

달을 빚는 남자

백자 빚던 남자
영원으로 길 떠나서
한 백 년 후 흙으로 부서졌네

죽어서도
생전에 빚던
둥근 달을 꿈꾸고 있었네

환한 꿈 위에 풀꽃이 피고
벌레가 울고
어느 날
한 소년이 닿아 왔네

분홍 흙이 된
백자 빚던 남자의 가슴을
곱게 반죽한 뒤
달을 하나
토해 놓았네

소년은 끌리듯
귀에 대고 들었네
곱게 내쉬는 달의 숨소리를

백자 살에서
아득하게 뛰는
한 남자의
심장 뛰는 소리를.

달이 좋아 시를 쓴다

달이 바람을 벗어난다
산이 달을 보고 물러간다
고요와 떨림이 팔을 끼고 서성인다

세상을 내려다보면
그리 넓지는 않아서
서울이나 어디에서도
앉아서 한라산을 가끔 보고
속초 물에 들어가 헤엄도 친다

삶에서 달아나는 달이
바람 따라 흘러가 나를 만나듯
삶에서 물러가는 산이 나를 만나듯
어디에서든 내 곁에 사는
달이 좋아 시를 쓴다.

제2부

그림 속 들판에 집 한 채

그림 속 그 집 사는 유년의 아이
나와서 놀자 부르면 뽀르르 나왔네
아이는 잠시 놀다가 집 안으로 다시 쏘옥 들어가 버렸네

불 켠 별들이 대신 나와서 반짝이었네
마음 깊은 골, 지하수보다 더 아래
보이지 않는 더운 샘
가느다란 물이 물벌레처럼 기어 나와
병을 가득 채울 때
가득 찬 병을 가지고
슬픈 사람 마음마다 따라 주었네
그날 이후 슬픈 사람 얼굴 씻는 데 다 써 버렸네

아직도 거기엔 들판에 집 한 채.

마음의 터널

어느 봄 떠난 자네
봄과 함께 온다
바깥 길은 잘 가르쳐
꽃 되고 나비 된 자네
잘 오게 했으나
마음속 갈림길
갈가리 흩어지고 방심한 사이
봄과 자네는 길 잃고 헤매었다

꽃잎 지는 소리 지진 나듯
요란히 하늘 땅 울리고
꽃잎 하나하나가 우레로 허공을 친다

땅에 내린 낙화, 스스로 마음 상해 으깨어져
밟으면 유리처럼 발이 아프다
지는 꽃은 붉어 가슴처럼 붉어
그믐달 실눈 뜨고 내다본다

지금 내가 할 일은 어지러운 마음 눌러 앉히고
봄이 돌아갈 길 다시 내어 주는 일
봄이 돌아갈 비단 길 닦아 주는 일.

눈

기다리고 기다리던 한 영혼이
순결한 옷을 입고
나를 찾아왔다
처음 만났으나
그의 이름을 알고 있었다

전생에 이미 얼굴을 보았으므로
세상을 끌어당기듯
품에 안았다

그는 오래 머물기를 주저하였다
만지자마자 눈물 되었다
거품이 되었다

이별을 위해 태어난 생명처럼
금방 허공으로 증발하였다

그는 만지기만 해도 사라지는

여리고 슬픈 육체를

운명처럼

신에게서 받았으므로.

진주

돌이 고통 주어서
조개가 울면
울음에 놀란 돌 덩달아 눈물 흘리네

언어 안에 들어온 돌이 고통 주어서
언어가 울면
그 울음에 슬픈 돌 함께 우네

돌이 피 흘리네
돌이 비명 지르네

돌이 돌을 벗네
돌을 벗어 던지네
저주를 벗고
진주 되네

언어 속에 우는 돌 그대
회한을 벗고 진주 되네

내 이승과
그대 피안이 함께 껴안고
하얀 진주 되네
통곡으로 빛이 되네

돌 벗고 저주 벗고
하얀 눈빛
진주 되네.

마음속 깊은 골짜기

마음속 깊은
골짜기
들어갈수록 깊어
어느 날,
길 잃고
나오지 못할 때
그런 골짜기에도
별이 살아서
내가 나를 찾지 못하고
헤매일 때
비춰 준다

마음들이 사는
골짜기에선
이쪽 산이 부르면
저쪽 산 대답
저쪽 산이 부르면
이쪽 산 대답

메아리가 전선줄이 된
산들의 마을
산과 산 사이
나만 알고 찾아가는
보이지 않는 길 나 있다.

참매미 소리 줄 타고

참매미 울음 우는 날
눈부신 하늘 물살에
끈을 던지는 참매미 소리
장대로 건져다가
건너편 산, 나무에 묶어서
치렁치렁한 줄 타고 건너갈까 보다

발 빠르게 건너가
잠든 귀 깨워서
깊은 귀의 골목을
휘휘 돌아서 돌아서
네 귀를 데리고
나에게로 나에게로
아주 다시 돌아올까 보다

참매미 소리 줄 타고
내 세상과
네 세상

트인 길로 분주히 빠져나와
이 여름, 슬픔을 비껴서 비껴서
함께 얼싸안고 다시 나에게로 건너올까 보다.

물 중의 어느 물은

물 중의 어느 물은
알 수 없는 제 뿌리를 찾아서
어디론가 흐른다

분홍, 빨강 순백의
물감 공장을 지어 두고
꽃 피우기를 갈망하는
미지의 꽃나무를 찾아서
방랑하고 명상하며
담쟁이덩굴처럼
뻗어 간다

물감 중의 엑기스,
마음 빛으로
그대 마음 뿌리에 닿아가
오색 꽃빛 칠한다
오색 꽃물 번진다

마음 빛을
사랑하는 사람의
마음 빛 안에
부어 놓고
꽃물 번진 잔등에
제 등을 기댄다.

하늘을 파며 지나간다

내가 누운 언덕에서 하늘로 돌아누우면
내가 하늘 바탕에 화석처럼 찍힌다
새들도 고대의 흔적 같은 노래를
내 등 뒤에 찍는다

화살에 꽂힌 굳어진 상처는
영원히 하늘을 가지고 있어
밤낮없이 날아가는 마음을
하늘에 모신다

하늘에 걸린
한 쌍의 거대한 날개
하늘 어느 부분은 아플 것이다

무엇인가 잃어서 슬픈 사람아
하늘을 보아라
크게 울음 내며
우리가 한 쌍의 날개들을 펴고
지금 하늘을 굵게 파며 지나간다.

어린 태양을 등에 업고

들판을 건너는 내 등에
어린 태양이 유년의 아들처럼 업힌다
나의 어린 태양의 작은 발에
황금 신발을 신겨 준다

여름 패랭이꽃, 도라지꽃, 산나리꽃, 금빛 옷 단춧구멍에 꽂아 준다

들판에 보랏빛 엉겅퀴꽃을 지나
철사같이 두른 지평선까지
어린 태양의 손을 잡고 달리기를 한다

대지를 부드럽게 묶은
지평선을 풀어 준다
끈을 풀자
그리로 밤이 오고
어린 태양이 잠든 베갯머리에
실눈 뜬 어린 달이
지켜 주었다.

토기 깨어지다

아차 하는 찰라
토기 깨어지다
천 년의 처녀막
금 가는 소리

산산이 부서진 조각을
꽃잎처럼 줍다

깨어진 체온이 얼음같이 차다
초혼가를 겹으로
나는
꽃 지는 천 년을 위로했다
애통했다

아차 하는 찰라
무모하게 토기를 깨뜨리다
천 년 한 세상이 손끝에서 깨어지다

천 년 순정이 비명을 지르다
천 년이 지르는 비명에
신라의 하늘이 찢어졌다

천 년의 추억
천 년의 사랑이여
보라, 토기가 흘린
저, 빨간 피 한 방울.

신라토기

신라토기 하나 집에 들이다
천 년이 내 방에 이삿짐을 풀다
나는 오늘밤
신라하고 놀았다
천 년을 놀았다
신라토기엔
무명의 신라 남자의 지문이 있다
그 남자가 진하게 누른
보이지 않는 낙관이 있다
천 살의 토기
둥근 천개의 나이테……
빙글빙글 돌아가는 소리 들린다.

질긴 물의 뿌리들

질긴 물의 뿌리들
실향한 자들같이 모여서
행렬 지으며 간다

등에 진 투명한 봇짐
막강하게 버티는 폭포를 뛰어내린다
어떤 물은 죽는다

죽어서 다시 부활해
물의 이름으로
바다에 닿는다

폭풍 전야의 소리 없는 울부짖음처럼
소리를 죽인 물들이
열 지어 간다

때로는
물들의 죽음을
옆에 둔 채로.

장강에 장검 하나

장강長江에 장검 하나 누워 있다
장검, 하늘 보고 길게 누워 있다
차마 하늘, 베진 못하고
발길 돌려 하늘에서 돌아왔으니

날카로운 날로
어둠이나 그어 볼 것인가

어둔 밤 장검 하나 누워 있다
어둠도 단칼로 베진 못하고
떠나지도 못한 장검 하나
어둠 속에 눈 번쩍 뜬다

하늘로 하늘로 다시 올라도
하늘에 들지는 못하고
쫓기는 하늘에서
다시 여기 떨어진
희부연 검 하나

다시 눈 크게 뜨고
떠날 채비 한창이다.

가족 · I
— 부부

내가 당신을 부를 때에는
이 목소리에 아이들을 다 데리고
부르는 것입니다

침묵 속에 두 아이들을 데리고
늘 들리지 않는 연주를 합니다

들리세요?
벌판에 보오얗게 돋아나는
이름 없는 풀떼미 흔드는
바람의 연한 악기 소리를

아이들의 마음이
연분홍과 연두의 이중주를 연주합니다

당신이 대답하시면
봄은 아직 아니 왔어도
이 집은 이미 봄인 것입니다.

가족 · II
— 아이들

어린 것들 기침 앓던 밤
꼴깍 새우며 안쓰럽던 겨울밤
기침은 아물지 않고
분말로 빻아 물에 타 먹이던
어린이 바이엘 아스피린
밖에는 밤이 지새도록
아스피린 분말 같은 눈이 내리고
그런 밤엔 한없이
신의 큰 발자국 소리만 애타게 기다렸다

겨울밤은 길고
밤새도록 가슴 찢던
어린것들 기침 소리
누가 문 두드려
활짝 열면
아무도 밟지 않은 하얀 눈이 두텁게 쌓여
환하게 뜰을 밝혀 주었다.

분칠한 언어 지우고

분칠한 언어들
맑은 가을 하늘에 헹구리
오늘 내 언어 내 진실 분 지우고
생얼굴 보여 주리

가을 물에 씻은
생달빛
백지에 엎질러지네
달의 고운 맨얼굴
웃음처럼 밝네

도시의 하이힐 소리 감추리
고무신도 벗고 맨발로 달을 맞으리

나는 달과 함께
아득한 지평선에 내려
떠나는 달을 안고
춤을 추리

달나라 영토를
전부 밟으며
너울너울 춤을 추리
강강술래
강강술래.

어머니가 달을 이고

어머니가 우물에서 달을 이고 오신다
우물 속에 둥실 누운
달을 건지셨다

만월을 물동이에 이고 오신다
물동이에서
달이 출렁
어머니의 하얀 모시치마 적신다
허리에 파란 바다를 여미시었다

어머니는 일생 그러하셨듯이
풍랑과 해일을 감추시고
달빛 그렁이는
고운 바다만 두르고 오신다

고운 바다에
달을 부어 놓으신다.

아득한 분홍 노을 밭

달이 가는 쪽으로 길을 떠난 그대는
붉은 백일홍 꽃밭 같은 노을에 취해
잠시 걸음을 멈추었네

주신酒神이 붙잡는 술마을에 들러
명옥헌 백일홍 꽃빛보다 붉은술
권하는 대로 드시네

아득하게 꽃향기
번지는 마을에서
그대 홍건히 취하셨네
가는 길 멈추고
다시
집에 돌아오면 좋겠네

그러나 그대
그대로 떠나시리
달보다 그곳에 늦게 닿으리.

제3부

라일락 향기, 나누고 싶구나

긴 골목을 붐비는
라일락 향기
등에 져 나른다
땅이 주는 것인가
하늘이 주는 것인가
흙 묻은 하늘도
향기로 움찔한다
라일락 향기를
골고루 나누고 싶구나

남은 사람이나
떠나간 사람이나
모든, 이름이 있는 사람들에게
따스한 햇빛까지
덤으로 얹어
나누어 주고 싶구나
허공 빈터에까지 골고루
나누어 주고 싶구나.

아직은 꽃아, 지지 말아라

나의 적막으로 앞산 적막 두드리니
아직은 하얀 자두꽃아
지지 말아라

마을 창들의 불이 꺼지고
하얀 자두꽃 어둠 밝힌다
하얀 향기에 눌러 쓰는 시
자두꽃아 아직은 지지 말아라

밤여울 흐르는 소리
쉬지 않고 떠나는 사람들 같구나

밤여울이 넓은 밤하늘을
파고 흘러서
은하수 쪽으로 밤구름 내려온다

나는 펜촉대로 말의 씨앗을 튼다
나는 말의 부자

금金과 은銀의
문자를
씨 뿌리고
수확한다

흰 자두꽃 하얀빛에
내가 적은 시를 읽는다
내 음성 듣고 모이는 봄의 향기
아직은 꽃이여 지지 말아라.

꽃의 한숨

봄은 흐르고
바람 소리 속 들리는 건
아주 작고 여린
꽃나무 한숨
바람에 꽃이 질까
염려하는 어미의 한숨

미세한 바람 소리에도
어미는
깜짝 놀라 깨어
벌떡 일어난다

밤새도록 들리는 바람의 발소리
바람에 걸려
꽃이 질까
마음 졸이는
어미의 한숨

봄밤은 깊어 가고
뼈만 남은
꽃나무의
잔등 위에서
발소리 죽이고

떠나는 바람
꽃이 질까 염려하여
발소리 죽이고
떠나는 바람.

꽃이 길 얻다

꽃이 마침내 길 얻었다
허공을 면벽하고 향기 얻었다
천 개의 문을 열고 나와서
향기의 더듬이로 아슬한 곳 찾아간다

네가 겨냥한 곳은
하늘의 굳게 닫힌 문
그리로 마음빗장을 열어 놓았다

천의 밤을 걸어가서
바위같이 무거운 하늘을 밀었다

굳게 닫힌 하늘의 문을 열자
하얗고 붉은 꽃이 몸에서 피어 나왔다
어떤 고통이나 슬픔에도
울지 않고 지지 않는 꽃이 피었다.

보내지 못한 시간들이

깡마른 나무에
봄은
파란 싹을 우르르 쏟아 놓는다
연한 싹이 가슴 비집으며 나온다
살을 밀며 뼈를 젖히며 돋아난다

삐개진 봄 저편에는
채 못 떠난 계절이 서성대고 있다
눈이 휘날리고 벌판이 얼어 있다
아직도 보내지 못한 차가운 시간들이
바람을 몰고 벌판을 흔들고 있다

벌판의 끝
기억의 변방 끝자리에
아직 떠나지 못한 너와
아직 보내지 못한 내가
혼이 빠진 나무처럼 마주 서 있다.

독한 봄

— 아이를 보내고

라일락은 보이지 않고
향기만이 떠돈다
집을 잃고 떠돈다
꽃을 버린 향기는
꽃으로 되돌아갈 길을 잃는다

문득 햇빛이
가느다란 철사같이
눈을 찌른다
눈과 귀와 마음을 찌르고
등에 박힌다

오, 이 봄은
독하구나
너를 잃은 채 떠도는 라일락 향기
스르릉 살을 깊게 파고 스쳐서
가슴 빼개져 아프다.

가는 봄, 오는 봄

봄은
얼음을 밟고 와서
맨살에 꽃잎 무늬 찍으며 숨 쉰다
핏줄과 팔뚝을 찢어 꽃을 꺼낸다

하르르 하르르
꽃은 지고
봄은
꽃잎으로 덮인 땅을 굽어본다
날카로운 꽃잎들이
세상의 봄을 지울 때

이미 봄은
아픈 어미의 출산 기억을 잊는다
다음 해 돌아올 결심을 한다
잉태한 만월을 풀기 위하여.

너는 돌아올 것이다

사월 네가 떠난 기슭 지키고 있으면
너는 돌아올 것이다
얼음 풀리고 배가 뜨면
모든 강은 나루로 모인다
모든 길은 집 앞으로 향한다

이승의
개나리
진달래
철쭉이
입을 크게 벌리고
너의 이름 소리쳐 부르면
너는 집으로 돌아올 것이다

작년 봄
허락 없이 너를 데려간
당돌한 봄은
거기
두고.

첫 꽃으로 입술 댄

기다림에
삼백육십오 일
마음먹다가
처음 피어난
자줏빛 모란이여

첫 꽃으로
오월의 숫하늘에
입술 댄 뒤
하늘 한복판
피를 찍듯 낙관을 찍었다

영랑 시인도
모란의 이런 낙관
쾌히 승낙하셨으리.

아카시아 꽃향기

나를 부르는 소리
산 넘고 물 건너와
시간의 강 거슬러 와
부르는 소리

너는 죽어서
나는 살아서
죽음을 함께 죽던
봄날은 가고
살아서 함께하던 삶도 사라져 가고
어디서 호젓이 부르는 소리

아카시아뿐인데
천지는 아카시아 꽃구름뿐인데
책을 읽는 창가에 선 듯
하늘에 선 듯
자꾸만 자지러지게
어디서 나를

하얗게

부르는 소리.

봄

보이지 않는 곳의
사냥꾼들이
사냥해
내게 가져다준 것
봄

어둠의 구석구석
크레용으로 칠한다
봄은 새끼들에게
젖을 물리고 있다

한동안 세계가 몸을 돌리고
젊은 모성애를 지켜본다
겹겹의 산소를 벗어나면
만 겹의 향기가 나를 감싼다

무無에까지 스며들어
낙화의 흘러내리는

꾸불꾸불한 선을 바람으로 지운다

이 봄날, 내가 입술을 댄
싱그러운 강물로
죽었던 나무들은 살아나고
나무에서 피워 낸
일곱 색깔 무지개를
사람들 마음에 옮겨 놓는다

결박되었던 나무들이
묶인 끈을 풀면서
꽃은 어디서 와 핀다

이윽고 모든 만상은
낙화하리라

낙화는 파계 아닌
득도요 해탈이다

해탈한

봄에서

만 겹의 향기가 난다.

어린 연두의 웃음

한 잎씩
내리는 눈 맞으며
따르는 겨울 길
바람이 잡는 것은
마른나무에서
손잡아 내리는
지난여름
늙은 손

내가 오르면서
두 손으로
더듬어
찾는 건
언덕 바위틈
감추어 둔
지난봄
내
어린 연두의 웃음.

남의 고향 마당에 살구나무 심는 뜻은

남의 고향 마당에
살구나무 심는다

남의 고향 마당에
살구나무 심는 뜻은
고향 그려 달군 마음
봄 심장에 박는 일
내 고향 봄 길어다가
타향 심장에
뿌리 주는 일

머언 내 고향
그리움
뿌리 캐어다가
낯선 이 마당에
현주소 주고
아예 뿌리박는 일.

고향은 봄과 같아서

봄이 오는 방향으로
누에처럼 머리를 든다

홀로 바라보며
문득 무늬지는 통증

달무리같이 젖어 우는
이 봄에도
그리운 고향의 방향으로
누에처럼 머리를 든다

고향은 봄과 같아서.

스스로 고향이 되어

달 오를 무렵
언제나 이맘때면 고향을 지나간다
달빛을 제치고 고향집 바라본다

언제나 지나가는 것은
나 혼자만은 아니었다

고향이 멀리서
나를 고향 삼아
찾아온다
고향인 나를 지나간다

우리는 꿈속에서 늘
끌리고 당기었다
고향은 부르기 나름

일찍이 고향을 잃은 사람은
찾아올 고향을 기다렸다

마음이 급해지면

자기 자신이 고향이 되어
스스로
가슴을 꺾어
쓸쓸한 자신을
안아 들였다.

그분 얼굴

내가 고요한 눈으로 보면
고요하신 얼굴

노한 모습으로 으르면
노하신 얼굴, 으르시는 얼굴

내가 자비의 시선
눈물 흘릴 때

그분도 자비의 시선
고운 눈물 흘리신다

폭풍의 바다를 쓰다듬어
꽃송이 안고 웃고 있을 때

비로소 안심하신 모습
만발하신 웃음

나의 거울 같으신 그분 얼굴
그분의 얼굴은
바로 내 얼굴.

고향 산 같아서

어디서 본 듯한 산들
순한 사람들이 모인 마을
고향 없는 그가 가면 품어 주었다
고향이 되어 주었다

타향인
땅은 그에게 속삭였다
나를 고향으로 불러 달라고
고향의 문패를 달아 달라고
고향인 내 품에 안기라고

봄 여름 가을 겨울
고향에 가듯
그곳으로 가는 까닭은
분실된 고향을 도로 찾는 느낌
그런 느낌이
한없이 좋아서였다.

제4부

섬진강 재첩국

봄 3월 청매실 농원 언덕에 서면
매화나무에게로만
하얀 눈은 다 내렸는데
하얀 아라비안 왕궁의 천막을 치고
한 찻집 여인이 차를 권한다
섬진강 재첩회, 민둥산 도토리묵에
돌미나리, 매실무침도 권한다

매화나무에 걸린 섬진의 푸른
치마를 바라보는 마음이 황후 같다

그러나 재첩회는 사양하다
아름다운 섬진강 물살로 키운
그녀들의 육체를
감히 여기서 허물 수야 있나.

무지개

섬광이 터지고
사람과 사람 말 사이에
무지개 섭니다

저 무지개 걸어가려는 나의 무게는 너무 무거운 걸까요
내가 아무리 무게를 줄이려 하여도 한 마리 나비처럼은
될 수 없지 않겠습니까

하지만 말 위에 그어진 무지개 위에 누군가 손짓하여 걸어가지 않을 수 없게 만든다면
오오 무슨 마술을 부려서라도 내 마음을 나비 한장의 무게로 변신시킬 수는 있으리라

그리하여 그 무지개 위에서
내가 그리는 사람이 아니라
설혹 원수를 만난다 할지라도
외나무다리 아름다운 무지개다리 위에선

함께 부둥켜 포옹할 밖에는
달리 방법이 없으리라.

음악에 기대어

어디서 들려오는 아름다운
음악 안으로 들어간 나는
적막하고 쓸쓸한
첼로의 저음에
등을 대었습니다
등을 마주대고 함께
흐느꼈습니다

돌같이 차가운
나의 심장 안으로
수혈하듯 들어온 음악은
신선한 피로 갈아 주었습니다

그때
압정에 박힌 것처럼
꼼짝 안 하던 시간들이
기지개를 켜면서 흐르고
어둠이 허공에

별씨를 뿌렸습니다
쓸쓸한 가슴에도 뿌렸습니다

나는 나를 기다리다
눈 감고 잠든 한 별에게
내가 짠 광채 한 벌
입혀 주었습니다.

음악의 오아시스

나그네가 켜는
손풍금 소리에 감겨서
골목을 돌아갑니다
골목길은 오랜만에
손풍금 소리 멜로디로 붐빕니다

손풍금 소리의 실핏줄이
하늘까지 닿아 가
별들이 마음 열고 내려옵니다
멜로디의 물살을 타고
지상에서 천상으로 오르내립니다

도시에서
쓸쓸하고 아득한 사막을
온종일 허위허위 걸어온 사람들이
지친 낙타의 잔등에서
무거운 몸을 내립니다
잠시 오아시스에서 목을 축입니다

타박타박 온종일 걸어온
낙타에게도
부드러운 물 한잔
마시게 합니다.

대화

그대가 나에게
돌과 진주를 함께 대접한다
나는 오래전 길을 떠났다가 돌아온 사람같이 쓸쓸하다

그대가
진주와 돌을 함께 권한다
툭툭 끊어진 시간 한 접시도 담아서
나에게 권한다

진실로 그대가 나에게
넌지시 묻는 것은
돌인가
진주인가

그대가 그대의 진주와 돌로
나의 진주와 돌을 불러내려 한다

나는 수북이 쌓인 돌 더미 속에서
진주 하나를 찾는다
찾아든 진주 들고
닫힌 무쇠의 문을 열고 나온다

밖에는 무섭게 때리던 비가 그치고
그대에게로 벋어 가 뿌리내린 무지개
아름다운 무지개 기슭에
다칠세라
진주 하나 공들여 심어 준다.

구름아, 바람아

하늘 끝 멀리 나는 구름아
호젓이 홀로 가던 사람 보았는가
분주한 걸음으로 앞만 향하던

한 마리 새처럼
하늘 끝 점 하나
찍고 들어가던
뒷모습 보았는가
구름아

꽃잎보다 천천히
떠나가는 바람아
방랑의 어느 기슭
그 사람 옷깃 스쳤는가

슬픔도 기쁨도 내려놓아
가벼운 옷 한 벌 그 무게대로

입술 꼭 다물고
인사도 못한 채
바삐 간 사람

침묵의 옷자락
스쳤는가 바람아.

그 돌

태초에 태어나
내가, 떠나는 날
나에게로 와서야
겨우 내 이름 하나
업을 돌
그 돌

나에게
그동안 고단했겠다고
편히 쉬라고 다독이며
내 이름 하나
상처처럼
가슴에 새긴 채
서서 늙어 갈 돌
그 돌

얼굴도 모르는 채
이승에서

피안을 업고
살아갈 돌
슬픈
그 돌.

태양이 젖을 줄 것이다

밤이 물에 번지고
달이 연못에 번지고
먹물로 그린 연꽃 한 송이
잠 못 들고 있다

앞산만큼 세월을 잘 참아야 한다
앞산 보름달만큼
어둠의 잔등을 잘 넘어야 한다
밤이 길어야 얼마나 길겠느냐
길어야 몇 자 더 하겠느냐

밤을 텀벙텀벙 빠지며
빛이 오고 있다
붓에 듬뿍 찍은 물에
어둠이 묽어지면
아침이 올 것이다

태양이

너와 세상에게
달디단 젖을
물릴 것이다.

산, 이웃고 물

산은 고요해 좋고
물은 산의 고요를 칭찬해 좋다

산은 물을 붙잡지 않고
그냥 보내서 좋고
물은 떠날 줄 알아서 좋다

산은 잊어버림으로써
넉넉해 좋고
물은 잊지 않고 다시 찾아와 좋다

산은 말을 절약해서 좋고
물은 천진스런 아이처럼
맑아서 좋다
말이 많아도 좋다

그러나 때때로
산은 말한다

물에게 말한다
아무도 들을 수 없도록
천지가 꺼지는 소리로 말한다

물은 묵묵히 들으며 잠시 멈추다가
그냥 지나간다.

산

산은
언제든 산이지만
기슭에 패랭이꽃
숨 쉴 때만
산

산은
언제든 산이지만
마음에서 그 산으로
길을 내어야만
산

산은
언제든 산이지만
그 산에서
내 마음으로
길을 내어 주어야만
내 산이 된다

마음과 마음을 서로 맡기며
산의 소리와 마음의 소리를
서로 바꿀 때
비로소 산은 일어선다

그때
미세한 바람에도 흔들리는
자작나무의
맑은 잎사귀 소리가
머언 먼 산에서
내 귀에
들려오기 시작한다.

적막의 울음

머언 벌판
들소의 무리같이
들소 떼 밟아 오는 발소리같이
밤의 끝에서부터
두근거려 오는 소리여

이미 우레가 지나간
가슴속으로
무無의 형상을 지니고
가장 고독한 얼굴을 감추며
하늘 끝을 두드리고
몰려오는 소리여

들소 떼같이
지진 일듯
들판을 뒤집으며
영혼을 뒤집으며
내게로 밤을 몰아오는

적막의 몇 톤급
소리 죽인 울음이여.

무無와의 춤 · I
— 돌격 행보의 시간에 업혀

나의 본적
무無의 공간
둥실 뜬 달

거대한 돌덩이가
영혼을 살갑게 구원한다

보라
쓸쓸히 우리에게 기댄
광막한 어둠을

돌격행보로 달리는
시간들과 동행하는
거대한 돌덩어리를

미행하는 우리들.

무無와의 춤 · II

— 달은 따스한 허파를 놓아 두고

새가 번득이며
하늘을 벨 때마다
하늘이 한 근, 두 근, 몇 근씩
뭉텅뭉텅 떨어진다

번쩍이는 광속음으로
뛰어오르는
태양을 지나

달은 따스한 허파를
하늘 심장에 놓아 둔다

아직 태어나지 못한
빛과 어둠의 새끼들이
저희들의 탯줄이 있는 곳을
가리킨다.

무無와의 춤 · III
— 지는 꽃 안고 춤춘다

어둠이 달을 따라가다가
날이 샐 무렵
서쪽으로 달려가면
동쪽이 되었다

습작처럼
생生을 왕래하였다
슬플 때면
허공을
떠듬떠듬 걸었다

무의 나무에서
그림자를 벗으며
꽃이 부서지고
져 내리기 시작하였다

나는 허공에서

하늘하늘 내려오는
꽃을 안고 춤을 추었다

구불구불 바람이
길을 터 주는 대로
황급히
무無에
발을
짚으며.

길
— 시를 위하여

이 길은
죽음 너머서까지 벋어 있는 길
죽은 뒤에도 돌아와야 할 길

아름다운 대낮의 해가
제 몸에서 뽑아낸 빛살 하나로
지상으로 지상으로 길을 만들 듯

나는, 나의 몸에서, 영혼으로
뽑아낸 빛살 하나로
잉크 삼아 잉크 삼아
시를 쓴다

반짝이고 반짝이는 문자들을
백억 광년에서 골라내어

내,

이 반짝임으로써
그대에게 닿아 가리라.

그림 속 장미

소복이 담긴 장미에 나비가 없다
평생 지지 않을 장미에 나비가 없다
그림 속 장미는 어제도 오늘도 온종일
나비를 기다린다

시간은
강물같이 흐르지만
시간은
그림 속 장미에게
말을 걸지 않는다

봄, 여름, 가을, 겨울
말을 걸지 않고
지나간다

장미가 피어 있다
바람이 불어도
지지 않는 장미가
피어 있다.

잔치

내 마음의 시를
한 말쯤 퍼서
달빛에 붓는다
이랑이랑 붓는다
달밤이 출렁인다

알알이 쏟아지는 달빛과
알알이 쏟아지는
나의 시가 함께 궁굴리며
은하수 큰 강에 밀려간다

오늘 밤
한 사발
이걸 떠서
달과 시를 주신
대우주의 주인께
드리리.

■ 작품 해설

또다시 떠오르는 달과 순식간에 지는 꽃 사이에서

이 승 하

(시인 · 중앙대 교수)

동서고금을 망라해 달과 꽃보다 더 자주, 더 많이 노래된 시적 대상은 없었을 것이다. 달은 제주도 무속신화 중「천지왕 본풀이」에서부터 나타난다. 해도 달도 둘씩 있어서 재앙이 왔는데 천지왕의 큰아들 대별왕이 천 근의 활과 천 근의 살을 준비하여 해와 달을 한 개씩 쏘아 떨어뜨려 재앙을 물리쳤다는 옛이야기가 재미있다. 그 뒤로『삼국유사』의 연오랑과 세오녀 설화, 광덕과 엄장의 설화, 신라 향가 중「원왕생가」와「찬기파랑가」, 백제가요 중「정읍사」, 조선조 초기의 악장「월인천강지곡」…… 그리고 수많은 시조에서도 달은 시인들의 시적 대상이 되었다. 달은 음陰의 대표적 상징물로서 해와 대척적인 의미에서 대지, 어둠, 정적, 여성 등의 의미를 지닌 것으로 받아들여졌다. 우리 조상은 정월대보름에 볏짚이나 솔가지로 달집을 짓고 그것을 태우며 한 해의 행운을 빌었다. 대보름이나 한가위에 원을 그리며 추는 '달의 춤'이 강강술래다. 계수나무 아래 토끼가 방아를 찧는 그림인 〈토구도〉나 궁궐의 옥좌 뒤에 있는 그림 〈오봉일월도〉, 〈일월곤륜도〉에는 달이 떠 있다. 달은 화웅의 〈월매도〉, 김두량의 〈월하산수도〉, 김홍도의 〈소림명월도〉, 신윤복의 〈월하정인〉 등의 화폭에도 두둥실 떠 있다.

김선영 시인은 올해로 등단 50주년이 된다. 시선집을 제외하고 이번에 내는 시집이 열 번째 시집이니 의미가 더욱 크다고 할 것이다. 그런데 대부분의 시가 달과 꽃과 돌이 아니면 물과 산, 별, 바람 같은 자연 대상물을 소재로 한 것이다. 시집의 제일 앞머리에 놓인 시부터 보자.

> 우리 집 왔다가
> 돌아가는 달
> 섭섭해 배웅하며
> 대문 밖에 서네
> 언덕에 서네
>
> 저어리 가는 달에
> 크게 말했네
> 서녘에서 올 때도

기다린다고

달이 제 마음을
달빛만큼 퍼 주고 갔네.

—「달을 배웅하며」 전문

시인에게 있어 달은 터놓고 대화할 수 있는 벗이기도 하고 언제까지나 함께하는 생의 동반자이기도 하다. 교감의 대상이면서 내 감정이입의 대상이기도 하다. 한용운에게 '님' 이 있었듯이 김선영 시인에게는 '달' 이 있었다. 시인은 자신이 그리워하는 대상을 '달' 로 설정하여 노래한다.

아, 오늘밤
달 찼군요

달에서
돌들을
다아 끌어 내립시다

달에서
무게를 뺍니다

무無의 본적
거기
당신만 남았군요

그대.

—「아, 오늘밤 달 찼군요」 전문

제1연을 보면 달이 대보름의 만월임을 알 수 있다. 그런데 이 달을 지구에서 84만 3,400킬로미터 떨어져 있는 그 달로 보기 어렵다. 달에서 돌들을 다 끌어내리고 무게를 빼니까 "무의 본적", 거기에 당신만 남는다고 한다. 달은 내 감정의 표상이기도 하고 내 감정의 대상이기도 하다. "우물 속에 둥실 누운/ 달을 건지셔"서 "만월을 물동이에 이고 오신"(「어머니가 달을 이고」) 어머니를 생각하면 달은 곧 어머니였다. 달을 보며 시인은 돌아가신 어머니를 생각했던 것이니, 달이 이처럼 시에 많이 등장한 이유를 알 것도 같다. 이번에는 달을 두고 의인화를 시도한 시를 보자.

삽으로 퍼낸 구덩이마다
달의 푸른 눈물 그렁그렁 고입니다
달 아래 꽃을 뉘었습니다
눈감은 꽃을 뉘었습니다
실눈 뜬 어둠을 뉘었습니다

달이 내려와
꽃과 함께 나란히 누웠습니다
꽃잎의 잠을 따라 달이 갔습니다
구름같이 바람같이 따라갔습니다

—「달의 푸른 눈물」 부분

이 시에서 달은 천상의 이미지, 즉 영원과 무한과 구원의 이미지를 보여 준다. 천상의 달이 지상의 모든 슬픔과 아픔의 현장을 내려다보고 있다. 꽃잎도 구름도 바람도 인간처럼 유한하지만 달은 이 유한한 것들의 생성과 사라짐을 지켜보는 거룩한 존재다. 그 달이 지상의 온갖 비극을 보고는 밤하늘을 밝히며 푸른 눈물을 흘린다. 이제 달빛을 묘사한 시를 보자.

달빛이 너무 쾅쾅하여
집 무너질까 염려되네
순은의 달빛을
튼실한 세상의 어깨로 메고 가
근심 가진 사람들께 나누어 부어 주네
달빛은 순은 백 냥, 순은 천 냥이요
쾅쾅하니
집집마다 넉넉하리 그득하리

―「달빛 해일」 부분

달은 어느새 내 마음속에서 엄청나게 커지고 무진장 밝아져서 '달빛 해일'을 일으키고 있다. 달빛은 대개 은은하다, 희부옇다, 어슴푸레하다, 요요하다, 교교하다 등으로 표기되어 왔다. 그런데 시인은 달빛이 너무 쾅쾅하여 집이 무너질지 걱정된다고 한다. 순은의 달빛이 그대로 순은 백 냥이 되고 천 냥이 된다. 달빛은 제2연에 가서 '달빛 파도'가 된다. 집도 절반쯤 '달물'에 잠긴다. 저 달까지 올라가 달을 데려다가 마을 지붕 위에 그대로 두면 달빛은 마침내 해일을 일으킨다.

기존의 달빛 묘사와 달리 시인은 달빛이 대낮의 햇빛 이상으로 환하다고 표현하였다. 아닌 게 아니라 만월이 뜨면 우리는 밤길도 두려움 없이 걸어갈 수 있다. 중국 당나라 때의 시인 이백에게는 달이 전 생애의 작품을 관통하는 중심 이미지였던 것처럼 김선영 시인에게서도 중심 이미지의 역할을 한다. '달' 이라는 하나의 시어가 거의 절반의 시에 나오니, 김 시인을 이제 달의 시인이라고 불러야겠다.

> 나는 먹을 갈듯
> 말을 갈고 있다
> 달이 사는 배나무 한 그루 뿌리째 캐어
> 내 백지에 옮겨 심는다
> 달이 내 백지에 산다
>
> —「매일 보아도 그리운 달아」 부분

> 돌에서 태어난 달은
> 꽃 같은 얼굴로
> 하늘의 자궁에서
> 다시 태어나
> 만월의 그물로
> 세상을 건져 올리고 있다.
>
> —「달을 그렇게 부르지 않으리」 부분

앞의 시를 보면 달은 시인이 시를 쓸 수 있도록 하는 등잔불의 역할을 하고 있음을 알 수 있다. 시인은 달을 보며, 달로 말미암아, 달에 의해, 달과 함께 살아가며 시를 쓰고 있다. 시인은 달을 "질료적 물질적 호칭으로만 부르지 않"겠다고 한다. 즉 달은 천체의 일부이지만 돌과 바위와 모래로 된 지구 위성으로서의 의미만 지니고 있는 것이 아니라고 말하고 있다. 시인은 달을 "만월의 그물로/ 세상을 건져 올리고 있"는 신과 같은 존재로 인식하고 있기도 하다. 그리하여 마침내 "달 안에서 달빛 향기를 입고 춤을", "황홀한 달 안에서의 춤"(「달 안에서 춤을 춘다」)을 춘다. 달은 멀리에 있지 않고 내 곁에 있고 내 마음속에 있다. 시를 쓰는 이유도 달이 좋아서다.

삶에서 달아나는 달이
바람 따라 흘러가 나를 만나듯
삶에서 물러가는 산이 나를 만나듯
어디에서든 내 곁에 사는
달이 좋아 시를 쓴다.

—「달이 좋아 시를 쓴다」 부분

김선영 시인에게 있어 달이 이렇게 중심 이미지 역할을 하게 된 연유가 밝혀져 있는 부분이다. 우리네 일상적 삶이란 시간의 제약을 받아 일회적이고 유한하다. 그러나 달은 언제나 그 모습 그대로(물론 매일 모습이 달라지기는 하지만) 하늘에 떠 우리를 내려다보고 있는 성스러운 존재다. 영원을 꿈꾸는 시인이라면 마음의 표상이 필요한 법인데 시인은 달을 그것으로 삼았다. 기독교인이 성호를 긋고 나서 기도를 하듯이 시인은 밤하늘의 달을 바라보고는 펜을 들곤 했던 것이다.

인류가 멸할지라도 달은 또다시 떠오를 것이다. 인류의 출현 훨씬 전부터 달이 밤을 밝혔던 것처럼. 하지만 화무십일홍花無十日紅이라고, 꽃은 10일 이상 피어 있는 것이 없다. 영원을 상징하는 것이 달인 반면, 순간을 상징하는 것이 꽃이다. 인간은 달과 꽃 사이에서 몇십 년(사람마다 수명이 다르지만) 살다가, 앓다가, 죽는다.

꽃들은 질 때가 되면 미련 없이 떨어진다
신에게 연장의 시간을 구걸하지 않는다
꽃같이 깨끗이, 미지의 시간을 단념할 수 있을까

—「꽃을 벗는다」 부분

꽃은 우리 인간처럼 오래 살려고 발버둥치지 않는다. 죽을 때가 되면 금방, 깨끗이 죽는다. 시인에게 있어 하루 24시간이란 "거대한 미래"이기도 하고 "꿈꾸는 소멸"이기도 하다. 하루살이에게만 하루가 긴 것이 아니다. 우리한테도 내일 하루는 거대한 미래인데, 하루를 살면 하루만치 죽는다. 이윽고 때가 되면 우리는 "무거운 꽃을 벗는다". 기막힌 일은 한순간에 지는 꽃이 영원히 하늘을 지킬 것 같은 달을 밀고 간다는 것이다. "시간은/ 강물같이 흐르지만/ 시간은/ 그림 속 장미에게/ 말을 걸지 않는다"(「그림 속 장미」)고 한다. 시간은 또 봄 여름 가을 겨울에게 말을 걸지 않고 째깍째깍, 또박또박 지나간다. 시간도 달도 초월적이면서 현세적이다.

마음 몰고 다니던 바람

잠잠해진다
산자두꽃 향기
세상을 한 바퀴
휘이 돌고 나면
세상이 평정되리

바람 한번 불자
산자두꽃 향기
달을 밀고 간다

—「달에 산자두꽃빛 퍼서」 부분

이제는 산자두꽃이 수동적인 관찰자의 입장에서 벗어나 달을 밀고 가는 행동의 주체가 된다. "산자두꽃빛이/ 달에 부어져서/ 함께 은하수로/ 내려간다"는 이 시의 결구는, 순간과 영원의 경계를 지우려는 시인의 시간관과 우주관의 산물이다. 순간이 모여 영원이 되고 영원이 나누어져 순간이 된다. 인간이 모여 사회가 되고 사회가 모여 지구촌이 된다. 항성과 혹성이 모여 태양계가 되고 태양계가 모여 우주가 된다. 인간 각자가 소우주이며, 소우주는 우주의 일부다. 시인의 이러한 생각이 잘 나타나 있는 시가 「마음의 터널」이다.

땅에 내린 낙화, 스스로 마음 상해 으깨어져
밟으면 유리처럼 발이 아프다
지는 꽃은 붉어 가슴처럼 붉어
그믐달 실눈 뜨고 내다본다

—「마음의 터널」 부분

낙화하는 것을 보며 마음 아파하면 한도 끝도 없다. 우리는 "생각하는 갈대"(파스칼)이므로 달을 보며 마음을 달래야 한다. 봄이 오면 꽃이 피고 가을이 오면 잎이 떨어지는 생명체의 법칙 혹은 우주의 순환논리를 생각하며 땅에 내린 낙화(생명의 죽음)를 보고 절망하지 말아야 한다. 게다가 시인이라면 "봄이 돌아갈 비단 길 닦아 주는 일"을 해야 한다. 시간에 얽매이지 말고 자연의 이치를 독자들에게 말해 주어야 하는 것이다. 관점에 따라서 생명체의 생로병사는 슬픔일 수도 있지만 위안이 될 수도 있다. "들판을 건너는 내 등에/ 어린 태양이 유년의 아들처럼 업힌다"(「어린 태양을 등에 업고」)고 노래하는 시인에게 생, 생명, 생명체, 생로병사는 슬픔일 수 없다. 우리는 신의 섭리, 혹은 자연의 이치를 '순리'라고 한다. 땅에서 태어난 식물이 땅으로 돌아가듯이 물(양수)에 있다 태어난 우리 인간은 죽으면 추깃물을 흘린다. 물에서 태어나 물로 가는 것이다.

산은 물을 붙잡지 않고
그냥 보내서 좋고
물은 떠날 줄 알아서 좋다

산은 잊어버림으로써
넉넉해 좋고
물은 잊지 않고 다시 찾아와 좋다

산은 말을 절약해서 좋고

물은 천진스런 아이처럼
맑아서 좋다
말이 많아도 좋다

—「산, 이윽고 물」 부분

그래서 옛사람들은 요산요수樂山樂水니 산자수명山紫水明이니 청산녹수靑山綠水니 하는 말을 만들어 낸 것인지도 모르겠다. 산은 물과 어울려야 푸르러지고 물은 산 그림자가 담기면 아름다워지는 법이다. 물은 고요히 흘러가도 좋고 소리내며 흘러가고 좋지만 산에는 나무가 있어야 한다. 그것도 아름드리나무가. 이것이 바로 자연의 이치이며 자연의 자연스러움이다.

굳게 닫힌 하늘의 문을 열자
하얗고 붉은 꽃이 몸에서 피어 나왔다
어떤 고통이나 슬픔에도
울지 않고 지지 않는 꽃이 피었다.

—「꽃이 길 얻다」 부분

김선영 시인처럼 우리도 생명체의 사라짐을 마냥 슬퍼할 일이 아니다. 생명체로 태어나 잠시 잠깐이나마 이 지상에 머물었던 것을 감사해야 할 일이다. 어떤 꽃이든 좋다. 그 꽃 한 송이가 피어나기까지는 수백만 년 지구의 역사가 필요하였고, 수억만 년 우주의 역사가 필요하였다. 낱낱의 생명체는 그 자체가 우주의 역사歷史와 조물주의 역사役事가 불가분의

관계를 맺고 있다. 만물은 유전流轉하는 것이며 우주는 영원회귀永遠回歸하는 것이다. 영원회귀의 축소판이 사계절이다. 낙화는 꽃의 종말이 아니라 개화를 위한 준비운동이다. 시인이 「남의 고향 마당에 살구나무 심는 뜻은」「고향은 봄과 같아서」「스스로 고향이 되어」「고향 산 같아서」 등 고향을 그리워하며 시를 많이 쓴 것도 영원회귀의 사상과 관련이 있다. 연어가 모천으로 회귀하는 것처럼 우리 인간도 때가 되면 고향으로 가고 싶어 한다. 그런 본능을 수구초심首丘初心이라고 하는데, 어찌 보면 모든 생명체의 고유한 본능이 아닐까. 자, 이제는 돌이 무슨 의미를 지니고 있는지 살펴보도록 하자.

돌이 고통 주어서
조개가 울면
울음에 놀란 돌 덩달아 눈물 흘리네

언어 안에 들어온 돌이 고통 주어서
언어가 울면
그 울음에 슬픈 돌 함께 우네

—「진주」 부분

작은 돌 하나가 조개에게 고통을 주면 조개는 그 돌이 주는 고통을 인내함으로써 진주를 만들어 낸다. 우는 것은 조개만이 아니다. 돌도 운다. 그런데 시인은 "언어 속에 우는 돌"에 대해 말하고자 한다. 그 돌은 "통곡으로 빛이 되"는 곡비哭婢의 운명을 타고난 존재다. 수명이야 어떠하던지 간에 달처럼 찬란한 빛을 뿌리지도, 꽃처럼 향기로운 냄새를 뿌리지도 않는다. 사람들이 우러러보며 감탄하거나 내려다보며 찬탄하지도 않는, 대체로 버려진 존재다.

태초에 태어나
내가, 떠나는 날
나에게로 와서야
겨우 내 이름 하나
업을 돌
그 돌

나에게
그동안 고단했겠다고
편히 쉬라고 다독이며
내 이름 하나
상처처럼
가슴에 새긴 채
서서 늙어 갈 돌
그 돌

얼굴도 모르는 채
이승에서
피안을 업고
살아갈 돌
슬픈
그 돌.

—「그 돌」 전문

금강석 같은 보석이 아닌 다음에야 돌은 가장 흔한 것이다. 하지만 어떤 돌은 내가 떠나는 날 묘비가 되어 내 앞에 서 있을 수도 있다. 돌은 장구한 세월에 걸쳐 마모되는 것인데 시인은 "상처처럼/ 가슴에 새긴 채/ 서서 늙어 갈 돌"이라고 했다. 길바닥에 구르는 돌 하나는 천 년의 세월 혹은 만 년의 세월을 돌로 존재해 왔겠지만 대다수 인간은 백 년 미만을 살다 죽는다. "이승에서 피안을 업고/ 살아갈 돌/ 슬픈/ 그 돌"도 역시 인간의 유한을 말해 주기 위해 끌어온 객관적 상관물이리라. 인간은 유한할지라도 무한을 꿈꿀 수 있으니, 정신 혹은 영혼을 갖고 있기 때문이다. 아래의 시는 김선영 시인의 시론이라고 할 수 있다.

내 마음의 시를
한 말쯤 퍼서
달빛에 붓는다
이랑이랑 붓는다
달밤이 출렁인다

알알이 쏟아지는 달빛과
알알이 쏟아지는
나의 시가 함께 궁굴리며
은하수 큰 강에 밀려간다

오늘 밤
한 사발
이걸 떠서

달과 시를 주신
대우주의 주인께
드리리

—「잔치」 전문

대우주의 주인을 조물주라고 하자. 창조주인 그는 시인에게 달과 시를 주었다고 한다. 하지만 실은 달이 있었기에 시인은 시를 쓸 수 있었던 것이다. 달, 달밤, 달빛, 은하수……. 이런 것들을 엮어서 시를 써온 시인이기에 "반짝이고 반짝이는 문자들을/ 백억 광년에서 골라내어// 내,/ 이 반짝임으로 써/ 그대에게 닿아 가리라"로 마무리 지은 「길」의 부제가 '시를 위하여'다. 시인 자신의 몸이야 때가 되면 시계 초침이 멎듯이 멎겠지만 시는 밤하늘의 달처럼 오래오래 빛을 뿌릴 것이다. 돌멩이처럼 여전히 지상의 한 귀퉁이에 놓여 있을 것이다. 꽃처럼 향기를 풍길 것이다.

이번에 내는 제10시집이 아무쪼록 사람들의 가슴에 감동의 해일을 일으키기를 기원해 본다.

시인 김선영

1938년 개성에서 태어남
1962년『현대문학』추천 등단
시집『사가思歌』
『허무의 신발가게』
『풀꽃제사』
『환상의 문지기』
『밤에 쓴 말』
『라일락 나무에 사시는 하느님』
『사모곡思母曲』
『쓸쓸한 것들을 향하여』
『작파하다』
시선집『그리움의 식물성』
산문집『순결한 예술가의 초상』
『사랑은 마주 울리는 메아리입니다』외 공저 등 다수
수상 현대시학작품상, 한국문학상 등
'청미' 동인

달을 배웅하며

지은이 | 김선영
펴낸이 | 김재돈
펴낸곳 | 도서출판 시와시학
1판1쇄 | 2012년 11월 30일
출판등록 | 2010년 8월 10일
등록번호 | 제2010-000036호
주소 | 서울 종로구 명륜동1가 42
전화 | 744-0110
FAX | 3672-2674

값 10,000원

ISBN 978-89-94889-44-3 03810